Los huesos

Christine Dugan

Asesora

Gina Montefusco, enfermera matriculada
Hospital de Niños Los Ángeles
Los Ángeles, California

Créditos

Dona Herweck Rice, *Gerente de redacción*; Lee Aucoin, *Directora creativa*; Don Tran, *Gerente de diseño y producción;* Timothy J. Bradley, *Gerente de ilustraciones;*Conni Medina, M.A.Ed., *Directora editorial*; Katie Das, *Editora asociada*; Neri Garcia, *Diseñador principal*; Stephanie Reid, *Editora fotográfica*; Rachelle Cracchiolo, M.S.Ed., *Editora comercial*

Créditos fotográficos

portada Monkey Business Images/Shutterstock; p. 1 Monkey Business Images/Shutterstock; p. 4 Nicholas Moore/Shutterstock (izquierda), Mads Abildgaard/Dreamstime (derecha); p. 5 Oufei1234/Dreamstime (izquierda), Jane September/Shutterstock (derecha); p. 6 Zulufoto/Shutterstock (arriba), Mr. Brown/Shutterstock (abajo); p. 7 3drenderings/Shutterstock (izquierda), red_frog/iStockphoto (derecha); p. 8 red_frog/iStockphoto (izquierda), Alina/iStockphoto (derecha); p. 9 red_frog/iStockphoto; p. 10 Sebastian Kaulitzki/Shutterstock (arriba izquierda), Sebastian Kaulitzki/Shutterstock (abajo derecha), Kurhan/Shutterstock (abajo); p. 11 Sebastian Kaulitzki/Shutterstock (izquierda), Patrick Hermans/Shutterstock (derecha); p. 12 Tim Bradley; p. 13 Tim Bradley; p. 14 Eroldemir/Dreamstime (arriba), Andrea Danti/Shutterstock (abajo); p. 15 Mark Kostich/iStockphoto, (derecha) GWImages/Shutterstock; p. 16 Ana Abejon/iStockphoto (izquierda), Sebastian Kaulitzki/Shutterstock (derecha); p. 17 red_frog/iStockphoto; p. 18 Mkkans/Dreamstime; p. 19 Woodoo/Shutterstock; p. 20 Sebike/Dreamstime; p. 21 Linda Bucklin/Shutterstock (arriba), Patrick Hermans/Shutterstock (abajo); p. 22 Monkey Business Images/Dreamstime (izquierda), Valentyn Volkov/Shutterstock (derecha); p. 23 Ingrid Balabanova/Shutterstock (izquierda), Monkey Business Images/Shutterstock (derecha); p. 24 Lorraine Swanson/Shutterstock (izquierda), Monkey Business Images/Shutterstock (derecha); p. 25 Monkey Business Images/Shutterstock (arriba), Ben Conlan/iStockphoto (abajo); p. 26 Monkey Business Images/Shutterstock (izquierda), Linda Bucklin/Shutterstock (derecha); p. 27 Jacek Chabraszewski/Shutterstock (izquierda), Linda Bucklin/Shutterstock (derecha); p. 28 Rocket400 Studio/Shutterstock; p. 29 Ana Clark; p. 32 Dianne France

Teacher Created Materials

5301 Oceanus Drive
Huntington Beach, CA 92649-1030
http://www.tcmpub.com

ISBN 978-1-4333-2605-9

Tabla de contenidos

Los huesos son importantes

Los huesos son una parte importante de tu cuerpo. Sostienen tu cuerpo y te dan forma.

¿Qué le sucedería a tu cuerpo si no tuvieras huesos? ¡Simplemente se caería al piso como un fideo mojado!

Los huesos son el armazón del cuerpo.
Cuando eres bebé, tienes huesos blandos.

Dato curioso

¿Por qué te quedan pequeños tus zapatos viejos? ¡Porque los huesos del pie son los que crecen más rápido!

A medida que creces, tus huesos se fortalecen. Cuando tienes aproximadamente 25 años, tus huesos son duros y dejas de crecer.

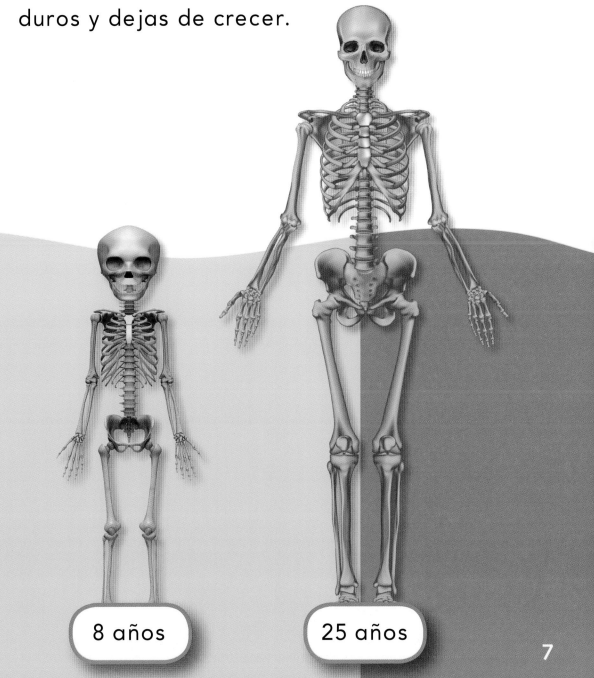

8 años

25 años

Los huesos protegen partes importantes de tu cuerpo. Mantienen a salvo algunos de tus **órganos**. Los huesos que rodean el cerebro se llaman cráneo. El cráneo protege el cerebro.

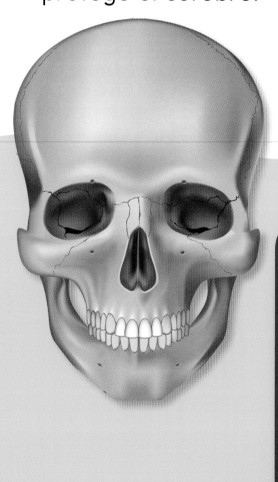

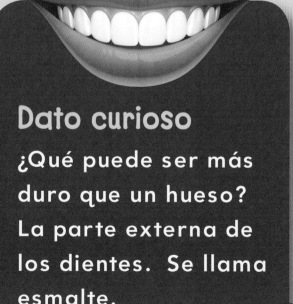

Dato curioso

¿Qué puede ser más duro que un hueso? La parte externa de los dientes. Se llama esmalte.

El tórax protege el corazón, los pulmones y el estómago.

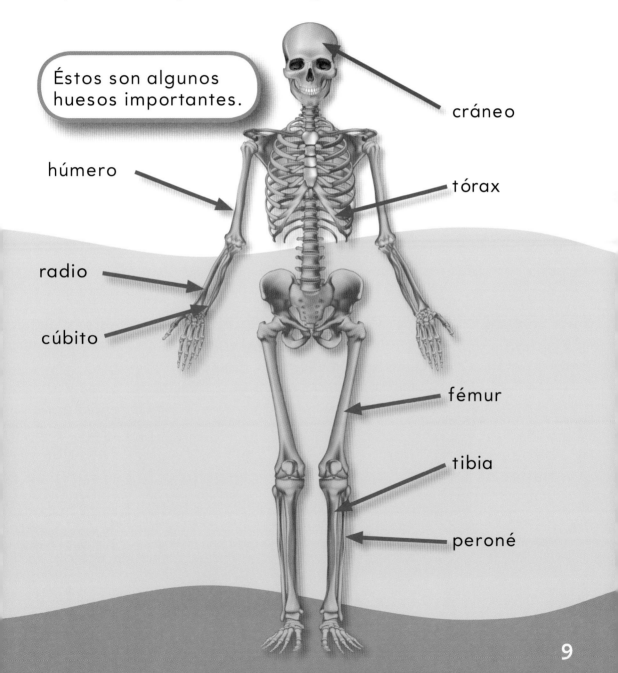

Éstos son algunos huesos importantes.

cráneo

húmero

tórax

radio

cúbito

fémur

tibia

peroné

El esqueleto humano está formado por muchos huesos. Los bebés tienen alrededor de 300 huesos. Sus huesos son blandos y elásticos.

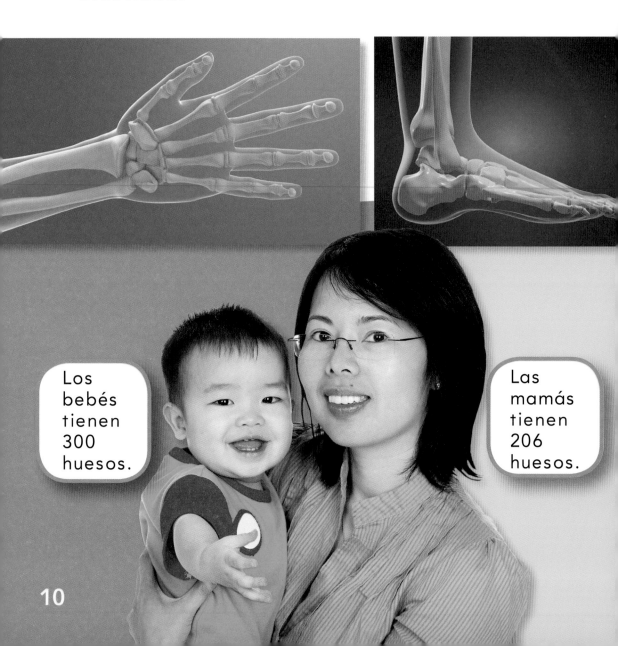

Los bebés tienen 300 huesos.

Las mamás tienen 206 huesos.

A medida que los bebés crecen, algunos huesos se fusionan. **Fusionarse** significa unirse. Los adultos no tienen tantos huesos como los bebés. Esto se debe a que los huesos que tenían cuando eran bebés se fusionaron.

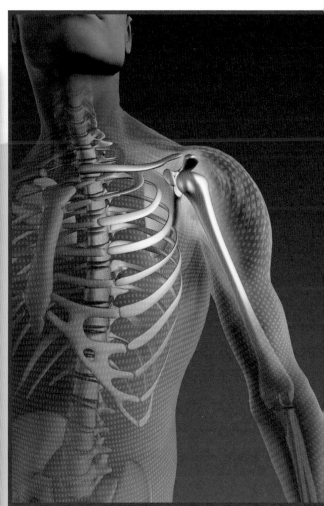

Dato curioso

Incluso los dedos del pie tienen huesos. El dedo gordo tiene dos huesos, pero los otros dedos del pie tienen tres.

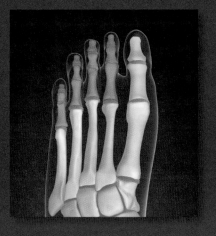

¿De qué están hechos los huesos?

Los huesos son duros, pero en su interior están llenos de **médula ósea**. La médula ósea es gelatinosa. Se encarga de producir nuevos glóbulos.

Dato curioso

Las células óseas se renuevan rápidamente. Por lo tanto, ¡tienes un esqueleto nuevo cada 7 años!

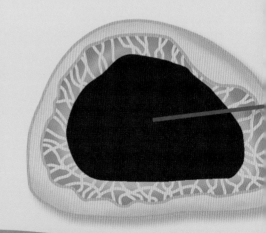

Dentro de algunos huesos también hay agua. Además, en el interior de los huesos hay nervios. Los nervios unen las distintas partes del cuerpo con el cerebro.

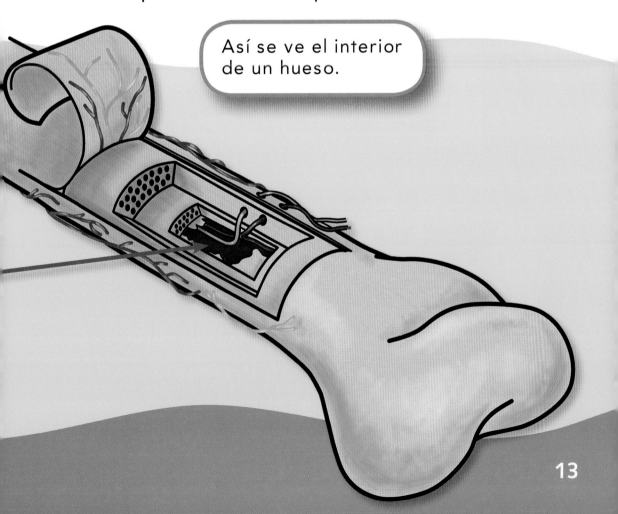

Así se ve el interior de un hueso.

Los huesos están vivos y en continuo crecimiento. Aunque son resistentes, pueden romperse.

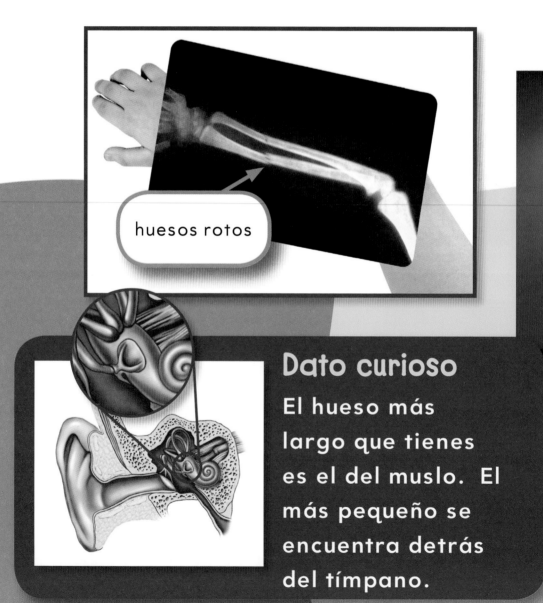

huesos rotos

Dato curioso

El hueso más largo que tienes es el del muslo. El más pequeño se encuentra detrás del tímpano.

Los médicos pueden tomar radiografías para observar los huesos rotos. Es posible que debas usar un yeso para mantener el hueso en su lugar. Pero los huesos pueden ser curados y reparados.

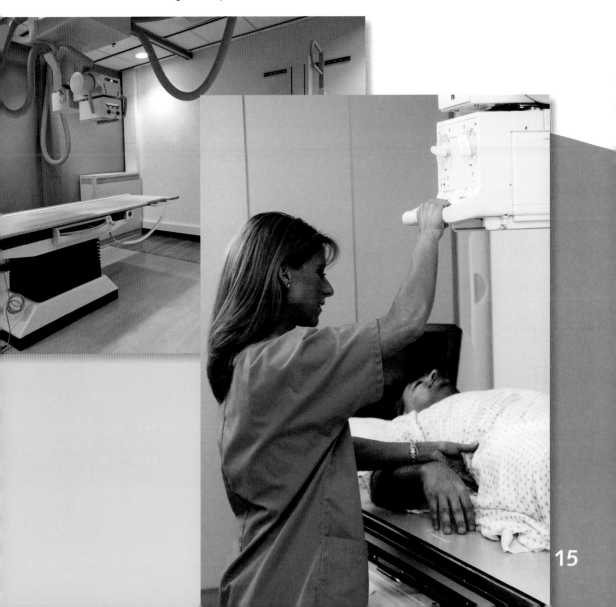

Los huesos te ayudan a moverte

Los huesos te ayudan a mover el cuerpo. Te permiten hacer cosas como caminar, saltar y brincar.

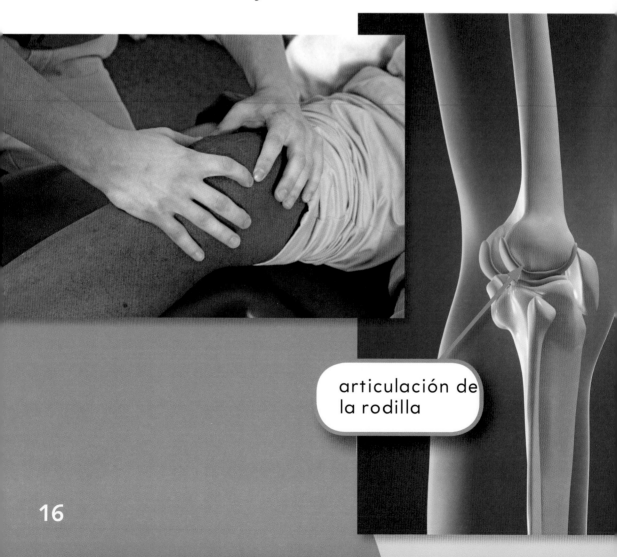

articulación de la rodilla

Al unirse, los huesos forman una **articulación**. La muñeca es un ejemplo de articulación. Las articulaciones nos permiten mover el cuerpo de distintas maneras.

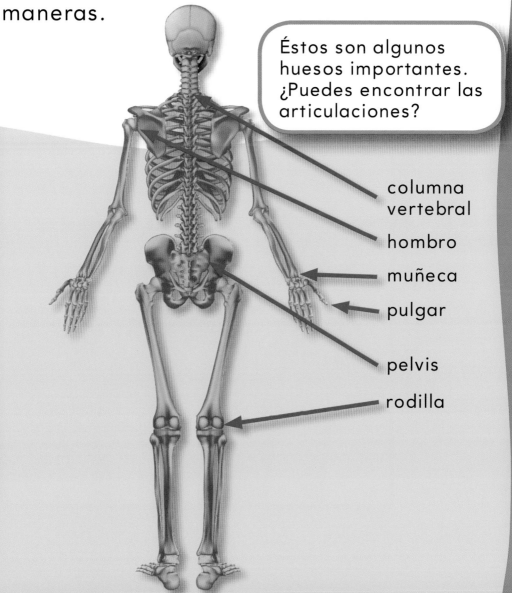

Éstos son algunos huesos importantes. ¿Puedes encontrar las articulaciones?

columna vertebral

hombro

muñeca

pulgar

pelvis

rodilla

Los huesos forman parte del sistema **esquelético**. Este sistema incluye los huesos, las articulaciones, los **cartílagos** y los **ligamentos**.

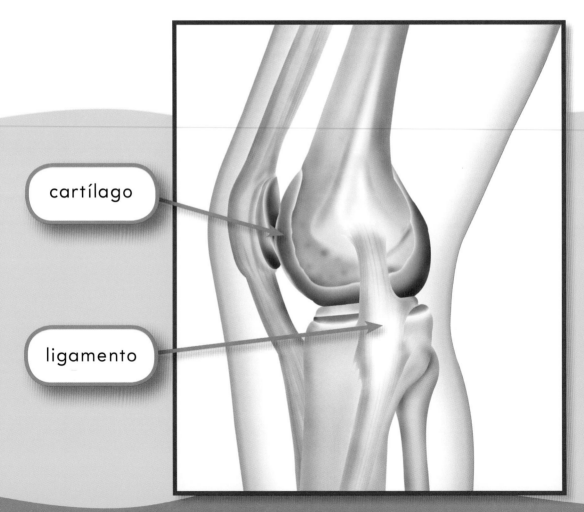

cartílago

ligamento

articulación de la rodilla

Los ligamentos mantienen unidos dos huesos que se juntan. El cartílago parece una almohadilla. Protege el extremo de los huesos. Los huesos se deslizan entre sí pero no se gastan.

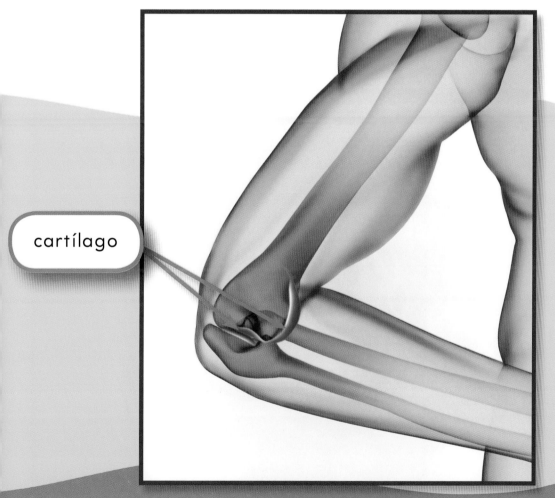

cartílago

articulación del codo

Los huesos y los músculos también trabajan juntos. Los músculos mantienen los huesos unidos. Los músculos se asemejan a gomas elásticas. Trabajan con los huesos para que puedas moverte. Cuando flexionas o estiras las articulaciones, los músculos se extienden o se contraen.

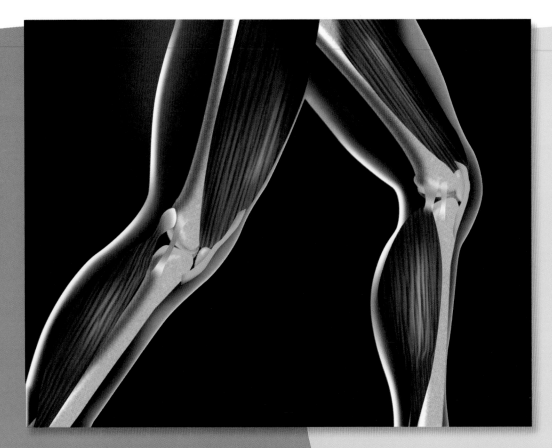

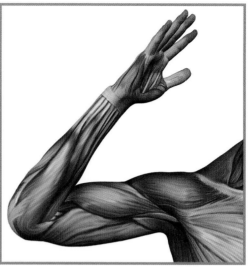

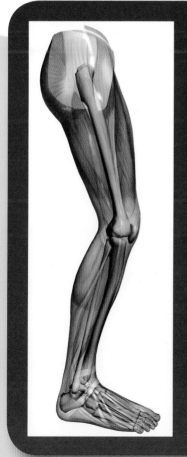

Dato curioso

Usas 200 músculos para dar un paso. ¡Necesitas usar 300 músculos para quedarte quieto!

Cuida tus huesos

El cuidado de los huesos es importante. Puedes hacerlo de muchas maneras. Comer alimentos saludables te ayudará a lograrlo.

Además, beber leche es una buena idea. La leche contiene **calcio**. Otros alimentos como el queso y el yogur también lo tienen. El calcio fortalece los huesos.

¡El ejercicio es muy bueno para los huesos! Mover el cuerpo te mantiene sano. Además, fortalece tus huesos.

Asegúrate de proteger tus huesos cuando realizas actividad física. Puedes usar un casco para resguardar el cráneo.

Los huesos son partes importantes de tu cuerpo. Protegen algunos órganos internos. Te ayudan a moverte. ¡Incluso te mantienen de pie! Cuida muy bien tus huesos. ¡Se esfuerzan mucho por ti!

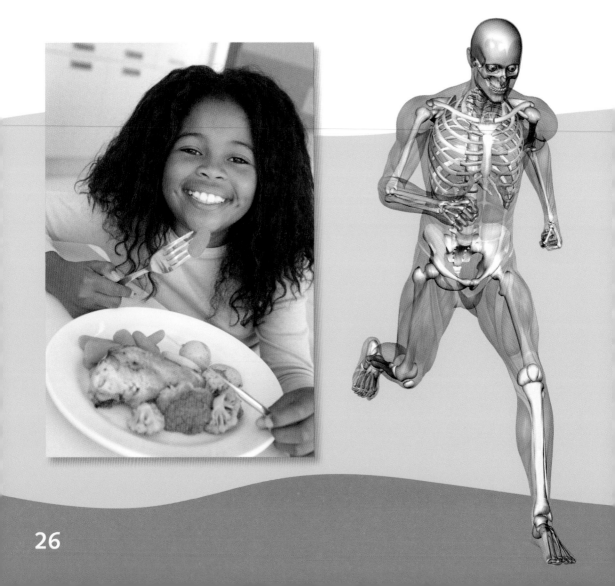

Laboratorio de ciencias: Tus huesos y músculos en funcionamiento

¿Qué puede hacer tu cuerpo gracias a los huesos y los músculos? Averígualo.

Materiales:

- lápices y crayones
- papel

Procedimiento:

1. Trabaja solo o en pareja. ¡Es posible que sea más divertido con un compañero!

2. Escribe una lista de actividades que puedes realizar gracias a tus huesos y músculos. Por ejemplo, escribir, correr y saltar.

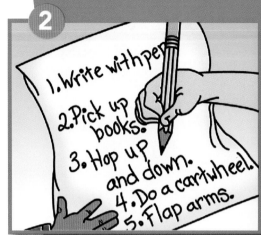

3 Elige 5 actividades de la lista y realízalas.

4 Haz un dibujo en el que tú y tu compañero estén haciendo las actividades de la lista.

5 Traza flechas para señalar los músculos y huesos que utilizas cuando haces estas actividades.

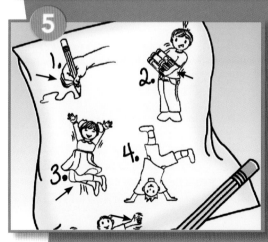

Glosario

articulación—el lugar donde se unen dos huesos

calcio—un mineral que te mantiene sano y fortalece tus huesos

cartílago—un tejido resbaloso que protege los huesos y permite que las articulaciones se muevan con facilidad

esquelético—relacionado con el esqueleto, o los huesos del cuerpo

fusionarse—unirse y combinarse

ligamentos—las bandas resistentes de tejido que mantienen unidos los huesos

médula ósea—el tejido blando del interior de los huesos

órganos—las partes de una persona que están formadas por células y tejidos y tienen funciones específicas

Índice

Una científica actual

Dianne France estudia los huesos de las personas que murieron. Ella puede saber cómo murieron las personas al examinar sus huesos. ¡Incluso puede imaginarse cómo son las personas con sólo mirar sus huesos!

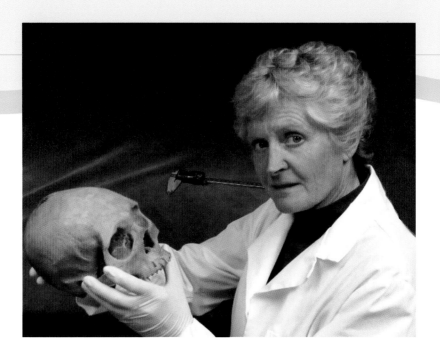